बेइंतहा प्यार

(मिलन, पीड़ा और विरह का काव्य स्वरूप)

अतुल सिंह

(भूतपूर्व हवलदार)

(एम. ए राजनीति विज्ञान)

ट्रू साइन

प्रकाशक : ट्रू साइन पब्लिशिंग हाउस
पता : SY.N0.21/2 & 21/3, सोननहल्ली,
कृष्णराजपुरा, बेंगलुरु, कर्नाटक - 560049 भारत
ईमेल : truesignbooks@gmail.com
वेबसाइट : www.truesign.in

बेइंतहा प्यार

(मिलन, पीड़ा और विरह का काव्य स्वरूप)

लेखक: अतुल सिंह

ISBN: 978-93-5584-956-4

संस्करण: 2023

अनुक्रम

समर्पण

अपने प्यार को

आभार

उस प्यार को जिसने मुझे मिलन के सुख व विछोह की पीड़ा को देके मुझे धन्य कर दिया।

प्रस्तावना

मै बचपन से ही कविताएं लिख रहा हूं। ये कविताएं कब मेरी जरूरत बन गई और जरूरत कब मेरी प्रेरणा बन गई कुछ पता ही नही चला।

लिखने के लिए डूबना पड़ता है
दर्द यूं ही कहा बया होता हैं ?
दिल में लेकर विछोह का दर्द
आंखो से आंसू बहाना होता है।

जो भी ह्रदय से उद्वेलित होता गया उसे उसी रूप में बया करता गया और यहीं ही किसी भी अच्छे कवि की परिभाषा हो सकती हैं।

आपका अपना
अतुल सिंह

दिनांक: 20 जनवरी 2023

1. मैं देश नहीं झुकने दूंगा

भरी भावनाएं निज रज कर्ण तलक

भव सिंधु ब्रह्म गंगा तिलक

शोभा विराज कर करती हो

तेजप्रताप जब चमकती हो

सूर्य जल अर्पित करें

भव भंगिमा प्रस्तुत करें

शीश नव नव प्रभा पर

नित उदित होते हो

भगत राज आजाद जहां

माटी पर दफन होते हो

मांओं ने शेरों को जाया है

यह भारत यूं ही नहीं

मां भारती कहलाती है

अपनों में जिसने कुछ बेगाना ना छोड़ा हो

शिवाय द्वेष-भावना, कपट,लालच के

फिर क्यों नहीं हम बोले गर्वान्नित होकर, फक्र से

मां भारती तेरी धूरी पर

कसम मुझे है शून्य तक
जब तक सांस में सांस रही
इस प्राण की आखिरी आस रही
मैं खुद को निछावर कर दूंगा
सौगंध मुझे इस मिट्टी की
मैं देश नहीं झुकने दूंगा

2. मैं हार जाता हूं

मै सोचता हूं कुछ एक पल
शांत रहू कुछ ना हो मेरे पास
निशब्द आशा निराशा
पात उत्पाद
भूत भविष्य कोई सार
ना मैं, मैं रहूं
मैं निर्वाण
मन शांत
एक ऐसा ही विचार
पर कुछ ही पलों में
यह विचार काल्पनिक हो जाता है
मेरे मन से मैं हार जाता है
फिर वही सोचने की रफ्तार
झर झर झर झर
मेरा काल्पनिक स्वपन टूट जाता है।

3. जो तुम्हें खिलाए

कुछ शब्द बोलना चाहता हूं
जो तुम्हें पसंद आए
वह फूल देना चाहता हूं
जो तुम्हें खिलाए
वह वस्त्र खरीदना है चाहता हूं
जो तुम पर जच जाए
एक उम्दा हंसी हंसना चाहता हूं
जो तुम्हें हसाए
मैं वह करतब करूं
जिससे तुम खुश हो जाओ
बोलो पागल बनू या जोकर
जो तुम्हारे दिल को भाए
बस तुम यह जान लो
तुम ही मेरी खुशी हो
और यह बात गांठ बांध लो
तुम इस दिल दिमाग मन में बसी हो
मैं तुमसे दूर बस शरीर से रहता हूं

तुम तो मंदिर हो मेरी मैं तेरा पुजारी हूं

नित पूजा जो करता हों

फिर भला कैसी दूरी

खुशी तेरी ही प्रिय मेरी रही सदा है

प्राणों की भी तू ही प्रतिष्ठा है

नवजीवन जी खुलकर

रसमई सवेरा हो

दिल की गहराइयों से

मुबारक नव सवेरा हो।

4. अटल जी

रो रहा हूं
नित आगे भी संभवत
क्यों ?
तुम्हारी यादों की परिपक्वता
वह हंसी-खुशी
सामाजिक जीवन साधारणता
दूरदर्शिता हटता
अडिग तुम ही रहे "अटल "
कारगिल परमाणु प्रामाणिकता
मित्वयी भाषा मृदुल
उच्चरणीय उत्कृष्टता
शब्दों से परे रहे हो तुम
ना समाए कभी इनमें तुम
राजनीति में भी रह कर के
धुमिल छवि ना रही कभी
द्वेष भावना ना रही कभी
सत्ता के खेलों के धुरंधर तुम

5. प्यारे मोहन

अंखियों की अंखियों से बात हो गई
दिन कब गुजरा कब रात हो गई
अब जाकर के समझ है आया
तुम में मैं, मै तुममे कण भर न पाया
मेरे मोहन प्यारे मोहन

तुम बिन कण क्या जग का?
जग तुममे ही विलय नजर आया
दर्शक बन मात्र फिरा, व्यर्थ में
जब तक प्रभु तुमने ही चाहा
मेरे मोहन प्यारे मोहन

कर्म धर्म के आड़े ना आये
आए तो फिर धर्म काहाये
छोट न समझो दीन ना समझो
कर्म है श्रेष्ठ कहाये
मेरे मोहन प्यारे मोहन

चाहा इस जग में ही सबको
भूल गया था अब तक खुद को

जगह-जगह पर दगा मिली तो
तेरा ही था बस सहारा मुझको
मेरे मोहन प्यारे मोहन

नेकी के पथ चलूं निडर
पाप-पुण्य के अंतर मध्य
भला भला ही मेरे से हो
बुरा कभी ना किसी का हो मुझसे
मैं भरा अज्ञानी था अभी तलक
पथ भ्रष्ट पथ विहीन तक
चलो अब इन बातों तथ्यों का क्या ?
अब तो मिल गई तेरी रज तिलक
मेरे मोहन प्यारे मोहन।

6. मैं कब तुमसे अलग रहा

मैं कब तुमसे अलग रहा ?
तुम मेरे हृदय में मैं तेरे मन से जिया
हर क्षण हर पल
कब अलग-थलग पड़ा ?
पास तो होना ना होना
मन का मेल है
आंखों के निकट होने पर भी
क्या मेल है ?
मेल तो रीति है प्रीति की
मेल मन का खेल है
दूर होकर भी पास हूं मैं तेरे
तू मेरे पास है
तुम मेरे हृदय में
मैं तेरे मन से जिया
मैं क़ब तुमसे अलग रहा ?

7. मन तुम बिन लगता नहीं

मन तुम बिन लगता नहीं
देखूं तुझे तो संभलता नहीं
आज भी है हृदय में मोहब्बत तेरी
जो मिटाता हूं फिर भी मिटता नहीं

देख तेरे चेहरे की अंतरम हँसी
मेरे हृदय को होती खुशी
दूर जाने का खुद को दिलासा दिया
पर तू है जो दूर जाती नहीं

क्या, क्या ? हुआ क्या नहीं ?
मेरे हृदय में, मुझसे कहीं
चोट कितनी गहरी इसको लगी
बस छुपी है जिसको दिखाता नहीं

आस मुझको रही लगी बस तेरी
बस तेरे ही स्वपन में मेरी दिललगी
करुण अतुल मृदुले घनघोर
एक तू ही है जो समझी नहीं।

8. निकली नहीं सुरभि कभी भी

मन भटकता ही रहा
चढ़ती रही पटले दिनों की
कोशिशे बेजोड़ कर ली
निकली नहीं सुरभि कभी भी
इस हृदय से ही कभी
फिर भी भर्रमाता रहा खुद को
उन रास्तों पर भी
जिन पर ना गया था कभी
फिर क्या वह ठीक था ?
या मैं खुश हुआ ?
नहीं
मैं ही हारा था पहले भी
अब भी
वो नहीं निकली
क्या जोड़ है उसका ?
इस हृदय से
जो बसी तो चिपक ही गई

ना हिली ना डुली
रज कण बन इस धरा की
इस धरा सी लगने लगी
खुदी मिट कब मेरी गई
उसकी खुदी मुझमें बसी
इस कदर कि
ना मैं समझा ना वह समझी

9. दिल का सुकून

अच्छा क्या ? पवित्र क्या ?

छोटी से छोटी चीज

दिल का सुकून

तसल्ली

बेतहाशा नींद कुछ और भी

जो भी तुम्हें अच्छा लगे

अच्छा है

पर क्या पवित्र भी है ?

हां वह जो तुम्हें अच्छा लगे

दूसरों को भी अच्छा लगे

तुम्हारी एक मुस्कान

या दर्द की भी आह

जो दूसरे के चेहरे पर झिलमिलाहट दे

भीख मांगती बच्ची को शिक्षा

बूढ़े को सहारा, माता पिता की सेवा

समाज की कुरीतियों से लड़ना

अच्छा कर, बन,अच्छा बनाना

अच्छा है

पवित्र है सबके लिए

10. तेरी यादें

सच है बीता हुआ कल या फसाना
जो बीता टला, गया, छूटा
यादें बस दर्द बनकर बसती हैं
दिल में रहती, डसती हैं
फिर कमज़र्फ क्यों ना हटती ?
हटाने से, मिटाने से
फिर क्यों उद्धव नहीं, राधा की पूजा होती है ?
जा भूल जा तू मुझे
तुझे किसने रोका है ?
फिर क्या वह प्रेम था ?
या धोखा है ?
प्रेम की द्वेसना, न प्रशंसा
प्रेम अग्नि है
जो खुद को जलाती है
बिरहा भी, संयोग से अधिक प्रिय होती है
जब मिलन की आस
विश्वास बनकर उभरती है।
और सच कहूं तो मैने खुद नहीं मांगा तुझे

अपने लिए

ना ही कोई ख्वाहिश ही रखी

बस तेरी मर्जी ही प्रिय लगी सदा प्रिय

मिलन मात्र क्षणभंगुर सा

बिरहा तड़प सफर है, प्रेम की पवित्रता का

बस निरंतर यूं ही सदा

करता रहूं, जलता रहूं, तपता रहूं

आच तो खुद ब खुद एक दिन

तुझे लगेगी

कितनी भी निष्ठुर बन

एक समय दृग एक टक हो

पहचानने को विवश हो

सच को, प्रेम को, इसकी पवित्रता को

उस क्षण

तेरी निष्ठुरता भंग होगी

फिर तू यूं ना रहेगी

फिर तो मुझ पर क्या ?

तेरे पर मेरी चलेगी।

11. मैं पुष्प बन हर बार जन्मू

मैं तेरी मोहब्बत में पागल बनकर घूमता हूं
खुद को समझू विश्वामित्र, तुझको मेनका मानता हूं

तूने मेरा ध्यान थोड़ा, मति भ्रमित करके छोड़ा
क्या कोई इतनी मोहक, आकर्षक, दिलकस भी हो सकती है?
तुझको तो मैं ब्रह्मांड सौंदर्य मानता हूं।

हस्तो के मध्य का खिला हुआ पुष्प समझू
स्पर्श तेरा पा गया हूं, इसको मैं सौभाग्य समझू
और ऐसे ही रहूं, है छूट जाने का डर मुझे
तू जो मुझे थामे रहे, मैं पुष्प बन हर बार जन्मू।

तोड़ना चाहे तो तोड़ ले, मेरे बदन को तने से
लगा ले अपने केसो में, केसों की सुसज्जा के लिए
मुझे अवभास है, एहसास है मिटने का मेरा मुझे
पर दुख नहीं है खुशी है मुझे
जो रहा हूं तेरे साथ कुछ पलों के लिए।

मैं ना रह सका तेरे साथ, लंबे समय के लिए
पर जो जैसा रहा समय में मेरे

तेरे साथ के पलों को सौभाग्य अपना मानता हूं
कर रहा हूं करता रहूंगा याद मृदुले
जन्मो- जन्मों के लिए।

कुछ पल ही सही सौंदर्य तेरे साथ के
पर रहा हूं तेरे साथ तो जिसका फक्र है मुझे
ऐसे ही पल हो यदि, मेरे जीवन में फिर कभी
दोबारा जन्म हो मेरा, उनको सजाने के लिए।

12. पहचानने की जरूरत है

नि:संदेह मैं सोच में पड़ जाता हूं
कि मैं आज भी कहां हूं
सब कुछ जानने के बाद भी
मैं कुछ नहीं कर पाता हूं
यह मेरे आलस्य का प्रतीक है
मैं सोचता हूं, विचारों को उत्पन्न करता हूं
परंतु उन पर मनन और कर्म नहीं कर पाता हूं
बस थम भर रह जाता हूं
ऐसे तो जैसा हो रहा है, वैसा ही चलता रहेगा
और कालचक्र में, तन और अर्थहीन कर्म
विलय हो जाएगा
अत: जागरूक भाव, मनन और कर्म
की नित्य जरूरत है
सफलता के लिए
सफलता का पर्याय रूप
लक्ष्य, समय, कठिनाइयों पर पूर्णता निर्भर करती है
निसंदेह
हर एक जीवन का लक्ष्य है
हमें केवल उस लक्ष्य को
पहचानने की जरूरत है।

13. आंखों जैसा रिश्ता

तेरा मेरा रिश्ता कैसा ?

इन आंखों जैसा

जो सुबह किरण में, एक साथ खुले

सुख में चमके

दुख में रोए

पलके जब झपके तब पर भी

एक साथ ...सब कुछ

दिखे ना दिखे

कोई किरण भी

सब कुछ, सब साथ, एक साथ

सुख दुख आशा निराशा

भाव भंगिमा प्रकृति छटा, घटा

पुण्य, प्रताप

पाप का भागीदार

न्याय, अन्याय

स्पर्श से पूर्व का अनुमान

अनुभव मम दृग

अशु नीर एक समान

बिना भेद बिना भाव

मूल्य, अमूल्य

ओजित किरण कीर्तिमान

मिले रहे यथा कथित, सर्वथा साथ

तू जीवन तू रज

शोभा भी साथ-साथ

तुम बिन मोहि न दूजा

मम बिन तोय के खोजा

दृग पग ठोर प्रभु का

मैं तड़प तेरा तू बिम्ब मिलन का।

14. राजनीति का प्रलोभन

राजनीति में लोभ हैं, प्रलोभन भी भारी है
चलो भैया तैयार रहो 24 की तैयारी है।

राजनीति का पर्व है ये, आता हर साल यहां
कभी शासन कभी प्रशासन, देश राज्य का होता है
राज्य का मुख्यमंत्री तो देश का प्रधानमंत्री होता है
इस बार तो धूम है मोदी 3 सरकार की।....चलो भैया

कोई बांटे रुपया पैसा तो कोई देता साड़ी है
कोई देता लैपटॉप मोबाइल, कोई देता साइकिल है
घर-घर जाकर पैर छुए हाथ हुजूरी करते हैं
जिसको जाने नहीं उसको भी बोले भोजाई हैं।....चलो भैया

भाषण पर भाषण होते, उत्तर प्रति उत्तर होते हैं
आरोपों पर आरोप होते, वादों पर होते वादे हैं
आरोप होते झूठे सारे, वादे ना पूरे होते हैं
जनता हुई है जागरूक, वह भी इन्हें पहचाने हैं
हारे या जीते फिर दर्शन न इनके होते हैं।....चलो भैया

कोई बोले चाय बेचने वाला, कोई इटली की बोले हैं
कोई राजकुमार संबोधन दे, कोई पप्पू भी बोले हैं
आदमी तो आदमी, जानवर तक को ना छोड़े हैं
गधा कुत्ता धोबी गाय भैंस चींटी तक आवे है
कोई बोले अजमेर अली तो कोई वानर बजरंगबली।....चलो भैया

मंदिर जाए मस्जिद जाएं, जाएं गुरुद्वारा साहिब जी
धर्म आये जाति आये, संप्रदाय हिंदू मुस्लिम भी
शमशान कब्रिस्तान की दिवारी, रोटी बिजली पानी भी
नौजवानों की नौकरियां, पर्वो पर लाइट भी
इस बार तो होंगे नोटबंदी, कर्जमाफी मुद्दे
पाकिस्तान पर सर्जिकल स्ट्राइक भी।....चलो भैया

15. भावनाओं के बिम्ब

मैं आज निशब्द हूं, शब्दकोश में शब्द नहीं
प्रेम, प्यार, मोहब्बत और इजहार
सारी भावनाओं के बिम्ब मात्र
उत्पत्ति नयन रस ह्रदय से
गुण तड़प, चाहत, बिराहा, रोना मचलना, मिलन की चाह
प्रकार एक तरफा, एक बराबर का
दुर्भाग्य समाज, लोक लाज, परिस्थिति, परिवार
इनमें साकार तो कुछ नाकाम
साकार प्रेम को महत्वपूर्ण मानकर
नाकाम केवल रोना, रोना दुर्भाग्य पर
प्रेम सच्चा त्याग है
और प्रेम केवल साहस का होता है
मिलन उन्हीं का होता है
फिर रितु सी आती है
नाकाम प्रेम के बिंब
अपनी अपनी प्रस्तुति करते हैं
परस्पर प्रत्यारोपण धरते हैं
फिर क्या यह सच्चा प्रेम है?
जरा सोचो अगर तुम्हारी मिलन की चाह प्रगाढ़ होती
तो क्या यह बिरहा होती?

16. झूठा अहंकार

मैं तो भ्रम पाले मिथ्या में जी रहा था
आलीशान कोठी बना, अरबों में खेल रहा था
नाज करता था जिसको देखकर, दूसरों को दिखाकर
ऊंचे स्वर में बोलूं, गर्व से मै झूलू
मदहोश रहता था मैं, अपने मिजाज में
पथ विहीन बालक मै, झूठे अहंकार में।

एक दिन मैं यूं ही, बात कर रहा था स्वयं से
कह रहा था गर्वानित्त होकर क्या, क्या बना लिया हूं
कोठी, बंगला, धन, यश भी मेरा, चारों दिशाओं में नाम कमा लिया हूं
यह बातें सुनकर, सामने पटल पर
जो चिपकी थी छिपकी
दृग जिसके हमेशा खुले हो, मुझसे है कहती
हे मानस तू अहंकार वस बह चला है
दृग खोल तुझे पटल पर क्या दिख रहा है?
इस पटल पर तो मैं सर्वथा रहती
फिर किस भ्रम में है तू, कैसी तेरी कोठी?

बात छिपकी की सुन, झकझोर में गया
हिल गया अंदर तक, अफसोस हो गया
अफसोस में ही मैंने व्यर्थ का धन कमाया है
तेरी बंदगी करनी थी जहां मुझे
मैंने व्यर्थ में समय गवाया है।

चलो जो होता है अच्छा होता है
यह छिपकी नहीं गुरु कृपा है
यह गुरु है मेरी जिसने मुझको प्रभु से मिला दिया है।

17. कोई तुझसा भाया नहीं

यूं तो तुझसे पहले आए बहुत
पर कोई तुझसा भाया नहीं
और तेरी जो इस हृदय में जगह बन गई
अब किसी का इसमें गुजारा नहीं

तेरी सूरत देखूं या तेरी सीरत देखूं
तेरी लीला देखूं या माया देखू
सब के सब अद्भुत अनोखे हैं
और तूने खुद ही तो कहा है
तेरी इच्छा के बिना हिलता पता नहीं

और यह मेरे ही कुछ अच्छे कर्मों का फल है
कि मुझको तेरी चाह लगी
तेरी भक्ति की राह भी उन्हीं को मिलती है
जिस पर तेरी रहमत होती है
और रहमत भी तेरी उन पर होती है
जिनके अंदर या जिनसे तेरा सरोकार होता है

तेरी रहमत से मैं का पलायन हुआ
अब तो मैं, मेरा, अपना बेगाना क्या- क्या ?

मिटी सारी दुनिया, धूमिल जमाना हुआ
जिसके आगे इस पृथ्वी से ना जाने कितने
उस तेज उस प्रकाश में टिमटिमाते हैं तारे
यह ब्रह्मांड यह सृष्टि जिसका रज कण मात्र अंश हों।

सारे पापो पुण्यो का लेखा जोखा
तेरे से तो कुछ भी छिपता नहीं
जो किया जिसने जेसा तैसा
फिर भी एक तू है जो सबको उबार लेता
जो प्राश्चित अशु के साथ तेरा नाम लेता
भव नैय्या पार लगाते हो तुम।

18. क्यों जाऊं मैं दूर तुमसे ?

क्यों जाऊं मैं दूर तुमसे ?
जबकि मुझसा तेरा चाहने वाला नहीं
दीवाने तो होंगे तेरे कई
पर इस सिरफिरे जैसा दीवाना नहीं।

क्यों ? क्योंकि हम तो तुझसे दूर होकर
तुझे कुछ ना कह कर
तेरी भी विराह में, तेरी तड़प में
खुद को तड़पा रहा हूं, खुद जल रहा हूं
बिना तुझे आभास देकर।

और बिना किसी भी चाहत के
तुझको चाह रहा हूं,पागल बनकर
सुध भी खोई, बुद्धि भी गई
अब तो बस एक दिल में रार रह गई
तेरी दीवानगी मेरी जिंदगी बन गई।

मैं तो चाहता हूं, तुझे
पर तू क्यों नहीं ?

क्या यह मोहब्बत का उसूल है?

जो जिसको जितना चाहता है

दिल उसका वही तोड़ता है

और सितम तो यह है कि वह

दिल तोड़ कर भी, इसी दिल में रहता है।

19. तुम सबसे आकर्षित हो मेरे लिए

मैं नहीं कहता कि तुम
इस ब्रह्मांड की सबसे खूबसूरत हो
क्यों? क्योंकि मुझे अतिशयोक्ति नहीं आती करनी

पर हां तुम इस ब्रह्मांड में
सबसे खूबसूरत ही नहीं
सबसे दिलकश भी हो
जो हर पल रहती है मेरे जहन में
सबसे आकर्षित हो
मेरे लिए।

हां तुम पुष्प सी हो, जितनी भी हो
जो सुगंधित मेरा रोम रोम करती
विचरण करती हो
हां तुम शहद सी मीठी हो
जो भवरे से मीठी धुन गुनगुनाती हो।
हां तुम झरने सी, निस भेदभाव रहित
ओजित कल, कल की धुन सी बहती हो
मेरे मन की रागनी भी तुम

हृदय की स्वामिनी भी तुम हो
और हां मैं अतिशयोक्ति भी करूं तो कैसे ?

किसी को तुम्हारे बिन देखू, सोचू तब तो

फिर भी मैं तुम्हें ही संसार में सौंदर्य का बिंब मानकर चलता हूं

क्योंकि मेरा ब्रह्मांड ही हो तुम।

20. तेरा शर्माना फिर मुस्कुराना

आरजू मोहब्बतें वसूले चिरा चिर की बातें
वो तेरी कभी ना कभी भूलने की बातें
वो संगत, वो रंगत, वो चेहरे की लाली
तेरा शर्माना फिर मुस्कुराना
वो इठलाना बिजलियां ढाना
बेबाकी से हंसना तेरा
फुर्सत ए माहौल की बेबाकी
पल्लू का कोना मुंह में कभी
कभी दांतो से काटना लगता लाजमी
यूं खड़ी सोचती कहीं ना कहीं
डूबी तो हो
ख्याल भी है कहीं का कहीं।

21. प्रेम और मोह

प्रेम और मोह में अंतर
प्रेम आत्मिक चेतना स्वरूप
ईश्वरी बिंब है
जबकि मोह साकार रूप
मैं, मेरा, अहम स्वरूप है
प्रेम डगर है ईश्वर के पथ का
है मोह बाधा ईश्वर के मिलन का
प्रेम त्याग करने को कहता
जितना अधिक त्याग हों
प्रेम उतना ही महान होता
जबकि मोह, भय का बड़ा भाई है
भय से पहले उत्पन्न होता
मोह त्याग करने से डरता
जो हूं मैं हूं मेरा है अपना है
इसी भ्रम में पथिक को रखता है
एक मोक्ष की डगर प्रेम तो
मोह सांसारिक जड़ता समान होता है।

22. बेपनाह प्यार

जरूरी तो नहीं कि वह भी तुम्हें ही चाहे
जिनके तुम दीवाने हुए फिरते हो
और गाते हो बेबाकी से जिनके लिए तुम गाने उदासी के
वह कानों पर ही रूई चढ़ाके सोते हैं
उनको नहीं फ़िक्र तुम्हारी यहां तलक
वह तुम्हारी बेवकूफी के किस्से बनाते फिरते हैं
और मरना हो तो मर जाओ कहीं भी जाकर
मगर एक बार शहर के ही कब्रिस्तान में देख लेना जाकर
जिन्हें तुम चाहते हो बेपनाह
उन्ही के चक्कर में, कितनी लाशें दफन है वहां पर।

23. तुम जब कर्म से हटे

तुम पाप पर चले तब,जब कर्म से हटे हो
कर्म जो करे तो धर्म भी वही है
मंदिर भी वही है, पूजा भी वही है
सीमा पर एक फौजी कर्म नित शहीद होकर
हैं स्वर्ग को वो जाता, यह उदाहरण अनुकरणीय है

कर्म कोई छोटा, कोई बड़ा नहीं है
जो जिसके योग्य ठहरा, वह उसको मिला है
कर्म नित होकर मानुष बढ़ा हुआ
शेर को भी किया मानुष ने हीं काबू
मंगल पर गए हैं किया चंद्र की सवारी
जलज में भी बसते, अंबर में भी है भारी

कोई जात ही नहीं है पात भी नहीं है
हमको बनाने वाले ने किया कोई भेदभाव तो नहीं है
तन मन धन से भी समानता है
प्रकृति की छटा, घटा के रूप, प्रारूप, अनुरूप
जीव जंतु मानुष तक की, की संरचना है

तभी नागा, पहाड़ी, लद्दाखी चीनी सहमा
राजस्थानी लंबा, छर्राहा, तंबी काला है।

फिर हम ही क्यों ?
तुच्छ,छीरन, किंचित ज्ञान रखते
भाई भाई बट जाते, घर में पट दीवार रखते
चलो साथ आकर ज्ञान को किंचित से समग्र बनाएं
पट दीवार हटाकर, भाई को गले लगाए
नित अपने कर्म करके द्वेष भी हटेगा
द्वेष के लिए जब समय ही ना रहेगा।

24. मैं रम गया हूं तुममें

तुम चाहते हो कि मैं तुमको भूल जाऊं
तेरी यादों की नैया से कूद जाऊ

ना ही हो कोई चाहत ना तुझको याद करूं
मुंह फेर लू तुझसे, कर लूं मैं किनारा
जिस रहा तू गुजरे, दूसरी राह पे चलूं मैं
ना ही कोई जान पहचान हो अपनी
इस ह्रदय की तड़प जो तेरी, उसको दबा के रखू।

ऐसा सोचने वाले, जरा ध्यान से तू सुन ले
प्रेम ही मेरी पूजा प्रेम ही मेरी चमक है
प्रेम है तो मैं हूं इसमें ही मेरी रज तलक है
इसका मैं हूं साधक यह मेरी साधना है
कोई सपना तो नहीं है,जिसको मैं भूल जाऊं।

यह सब है बाधाएं, जो बीच में आन पड़ी हैं
इनकी भी है महत्त्वता, इनकी भी है कहानी
ये आकर के करती प्रेरित, कर लक्ष्य की तैयारी
जो लिखती हैं तेरी, इक नव अमर कहानी।

मैं रम गया हूं तुममें, तुम ही मुझमें बसे हो
कोई बंदगी नहीं है, कोई नहीं है पूजा
जिस तरफ भी देखूं, तेरी ही झलक दिख रही है
मैं तो कब का मिट गया हूं, तेरी कसक के आगे।

25. तेरे दरस की अरज है

मुझको नहीं है सुनना
तेरा नित नया फसाना
तेरे दरस की अरज है
बाकी धुमिल है सारा जमाना

जानता हूं मेरे भोले
गर हो गया सफल में
भव शिंधू पार होकर
रज धूली तेरी मिले

तेरे चरणों में रमू मैं
और हर्ष से कहूं मैं
तेरे चरणों में बना लूं
कुटिया नव नवेली

कहता हूं मेरे भोले
तेरे काम भी करू मैं
हुक्का बना दूं तेरा,
नंदी चराऊं तेरी

जब कभी भी हो जाए
मां से अनबन तेरी
मां के चरणों में गिरकर
सुलह करा दूं तेरी

जो जो तू बोले
वह नित्य कर्म करूं मैं
जो भेष तुझको भाए
वह भेष धरु मै

मेरी नहीं कोई ख्वाहिश
बस एक तेरे दरस की अरज है
तू तो है मेरा भंडारी
मैं हूं बस तेरा पुजारी

26. तेरे अरमानों की बारिश में भीग रहा हूं

तुझको चाहा मैंने

तुझको ही चाह रहा हूं

तेरे अरमानों की ही बारिश में

भीगा था, भीग रहा हूं

जाना नहीं है बच कर

किसी छांव की तलाश में

क्योंकि मेरा जर्रा जर्रा भीगा

मन हृदय तक गीला है

देख मेरे आंसुओं की धारा

वह तड़प विरह वेदना, तेरी दी हुई पीड़ा है

फिर भी तुम तो अट्टहास मारती हो

दूर से ही ले चुटकी, छुप जा रही हो

चलो यह भी तेरी बात, मुझको समझ आ गई है

मैं करता हूं तुझसे

तुझको मुझसे प्रेम नहीं है

जब प्रेम ही एक तरफा है

फिर तो मेरी ही बेबसी है

27. तुझ में मिलूं

आंख मेरी भर गई
जब से प्यार तेरा हुआ है कम
क्यों क्योंकि
पहले तो मैं निर्वाह था, बेअर्थ
पर अब तो मैं प्रभाव हूं, अर्थ है
धार में बह चला हूं, दिशा है
जबसे तेरी मुझ पर हुई कृपा है
फिर क्या?
उस अतीत से इस पल में
तुझको कोई फर्क नहीं दिखा
तब तो निश्तेज था
पर आज तो तुममें मय हूं
जल रहा हूं
और कितना जलना बाकी है मेरा
कि मेरी एक ही अलख जो जली हुई है
पूरी हो जाए
तेरे दरस की
मन्नत पर हर चीज को अर्पित करूं
तुझ में मिलूं
जलता रहा हूं।

28. मुझको तुझ बिन कुछ कहीं दिखता नहीं

मैं तेरे प्यार की मस्ती में भीगी हुई
बिरहा की मारी में दीवानी तेरी

देखूं इधर-उधर जिधर भी कहीं
सांवरे तेरा चेहरा आता नजर
हर जगह रज कण में तू ही
मुझको तुझ बिन कुछ कहीं दिखता नहीं
और ये ऐसे तो होता नहीं
तेरी ही माया है, मुझ पर कृपा है तेरी

बावली थी मैं पहले या अब हो गई
तेरी भक्ति में मैं तो शुध खो गई
अब तो मेरा अपना कहने को कुछ भी नहीं
मैं कहां खुद ही अपनी रही
तेरी राग में रंगी ऐसी रंगती गई
पता ही नहीं मैं कब तेरी हो गई।

मैं अज्ञानी, असंस्कारी, अक्षम हूं प्रभु
मैं निष्ठुर तमोगुणी, ज्ञान पाठ मुझको आता नहीं

बस राग लगी मिलन की तेरी
प्रेम धुन पर तेरी और हूं खींची
चाहे जितने भी उधव आ जाएं
इस राग को ना छोडूंगी कभी
अब तो तू ही ख्वैया लगाएगा मेरी
और सच कहूं तो उसकी भी अब इच्छा नहीं।

29. जीवन की डगर

बदलियां घनघोर छाई
उठी उमस उच्छल तपस
मन की भरमाई
जीवन की डगर
समझ रही गहराई
आपन वीरान भेदभाव
स्वार्थ भरमार
प्रेम विच्छेद
मिलन बिच्छोह
श्रंगार बिरहा
भौतिक आत्मिक
छूर्ण गूढ़
अनेका नेक पथ पर
चल पहुंच अटल
सत् सच प्रिय
बस एक
तू अखंड भंडारी

30. क्षणभंगुर सा मैं

क्षण भंगुर सा मैं
मांगू तो क्या मैं?
तुम तो सर्वज्ञ ठहरे
फिर बताऊं क्या मैं?
सच सत्कर्म
ही सर्वोपरि
आपन वर्णा कृत कर्म
प्रभु तुम ही हो
तुम बिन मैं क्या?
ना ही कोई इच्छा, विचार
सोच सरोकार
तुम में मैं विलय हो जाए
मैं विलुप्त खो जाए
क्षण भंगुर क्षण में, कण में मय हो जाए
विभूति बन बह जाऊ
खेतों, खलिहानों, नीरो मे
प्रकृति खेल रचाए, प्रगति में मिल पाऊं
बस लाग लगन ही है तेरी
है मोहन मदन श्याम मुरारी
गोपाल त्रिपुरारी

31. खिचड़ी

परिवारिक महत्वता को समर्पित

हिंदुओं का यह त्यौहार

खुशी से रहें पति पत्नी

बच्चे अपार

सिर्फ आपसी मतभेद भी छूढ़ हो जाएं

आपस का प्रेम छुए,गूढता की लांघे सीमा

खिचड़ी बन कर के खुद कहती है

बनो मेरे जैसे कि

कोई भी आपस में भेद ना रहे

मिलो मेरे जैसे कि कोई रंग ना रहे

आपको खुशी दे यह खुशियों का त्योहार

32. दर्शन और प्रदर्शन

दर्शन और प्रदर्शन के मध्य का बिंदुसार
एक आंतरिक आत्मिक प्रतिष्ठित
आत्मीय परिपूर्ण
जो होता है निस्वार्थ समाहित
पवित्र भाव भंगिमा परिपूर्ण
सात्विक अटल परिवेश विभूषित
अलौकिक दिव्य दर्शनार्थ
दूसरा स्वयं का दर्शन देने की लालसा
आडंबर विडंबना अहम
ईश्वर परे मन्थन्म
स्वार्थ रुपी भावना, भंगिमा परिवेश
आत्मीय संरचना पूर्णता वशीभूत
जगी लालसा
सार प्रदर्शना।

33. ए मोहब्बत वफा की गर्दिशे

हार्गिसे ए मोहब्बत वफा की गर्दिशे
धूमिल होती छींटे
जो नासूरे जहर बन दिले
घोपा खंजरे जजीरे अरमानों पर तूने
बेदर्द चोटिल जख्मों
पर ही तरस खा गई होती
पर तरस बेखाक करके
जख्मों पर जलाले जल्ते के जड़े तमाचे
बेखौफ होकर कि साहिल शाजिसे
गर्दिशे बवंडर में फंसता गया
तेरे हूरे नूरे चमन में
इस कदर कि तेरी जान कर भी फिजाएं
मोहब्बतें सल्तनत इस दिल की
ना ढह सकी
जो जम गई दबे पांव
हिल न सकी तुमसे।

34. तेरी यादें ही मुझे गम देती है

ये जुमाइया तू कहां को चली गई
छोड़कर मुझको कहां विसरा गई
जाने के बाद में रहता हूं हम दर्द से
तेरी यादें ही मुझे गम देती है
पर तेरी हंसीन खुशी मुझे खुश रहने को कहती है
तेरे दर्द के आगे अब क्या है?
जिसके सामने सब धूमिल है।

कहूं तो कहूं क्यों ना?
क्या तू वफा है ?
नहीं सितमगर तू ठहरी
जो तेरी फिजा है
क्या जाते-जाते तूने मुझको बताया?
कि मेरी क्या गलती है ?
क्या तेरी रजा है?

35. मेरी उलझने

क्या किस्मत बना दी हैं मेरी
हर काम रो रो कर के मेरा होता है
जिस काम में सरीक होता हू
रुकता हैं, उलझने भरता है
लगता है तुझे मुझे रुलाने में मजा आने लगा है
इसलिए मैं रोता हूं और तू मजे लेता हैं।

36. एक किरण

एक किरण
घन घोर व्याप्त अंधेर को चीर देती हैं
धित्तकारती हैं मेरी ही उल्फत
मुझे तो वो ही नहीं दिखती
फिर भी भरोसा दिलाया जाता है मुझे
यह कह कर
तकदीर की लकीरें यू ही नहीं मिटती हैं
नसीब में अच्छा ही लिखा है अपने
मेरी भाग्यवान मुझसे बार बार कहती हैं
बोलते हुऐ सुनता हूं जब अपने ही जिगर को
उसे छूने को हाथ मेरे बेबस नजर आते हैं
जब उसकी झलक भी नहीं मिलती हैं
आंख भी रो उठती हैं ह्रदय भी भर जाता है

अगर ये परिक्षाओं का समय हैं मेरा
तो भी बहुत सह चुका हूं अब हिम्मत छूटती हैं
और आजाओ मुझे बचाने उबारने को
मै डूबने ही वाला हूं बस सास है जो झूटी नहीं हैं।

37. हम तुम पर निर्भर

आज शुभ
कुछ राहत देती अनुभूति
भूती होती अंतर्मन तक
अच्छे का अच्छा होता निश्चय
हर हर देव बम बम
होता डमरू का खेल अविंघम
अत: सुखद हुआ कुछ लगता है
अच्छे दिनों की सुध लगती है
भस्म रमाए भोले बेठे
धूनी में ध्यान कुछ आता भर है
जो होगा अच्छा होगा
इस्ट अच्छा ही करता है
भगतो का ध्यान है उसको
उनकी सुधी आखिर अंतत:
वो ही लेता है
हे इस्ट न्याय तू करना
मुझ पर हुए अन्यायो का
आखिर में हम तुम पर निर्भर
रहते है सदा ही।

38. हंसी खिलखिलाएगी

हवा चलती है

बहती हैं

कभी तरफ बे तरफ़

आज ठंडी हैं

जनवरी है

ज़ाहिर है ये भी जायेगी

मार्च के रास्ते अप्रैल भी आएगी

फिर फसले भी पकेंगी

रवि कटेगी खुसिया होंगी

हंसी खिलखिलाएगी।

39. कमज़ोर नहीं हूं मैं जो टूट जाऊंगा

शक्ति मेरी जवाब देने को तलब हुई

एकाग्र मन को खोदने लगी

फिर भी कमज़ोर नहीं हूं मैं जो टूट जाऊंगा

पगलाए हो जो मैं सहता जाऊंगा

40. शुक्र है मेरे ही प्रभु का

हर तरह की मुश्किलो को आन देखा हूं
मै क्या कहूं परेशान बेठा हूं
पर शुक्र है मेरे ही प्रभु का
सब्र का बांध बांधे चुप चाप बैठा हूं
जानता हूं फलक छट जाएंगे एक दिन
समय कट जाता हैं रुकता कहां है
कली पुष्प बनती ही है एक दिन
कोन रोक पाया है नियति कटती नहीं है।

परिक्षाओं को लेने वाले
तू मुझे साहस, सब्र, ताकत दे
मै उनके अक्सो को मिटा दूं
जो दूसरों को कुछ समझते नहीं है।

यकीनन ये काबिले तारीफ़ के काम होगा
जब उनका अहम जमींदोज होगा
और तू ये उसको भी बता दे
सच परेशान होता है मिटता नही है।

41. मुझे सब याद आता है

कल मेने एक पिक्चर देखी
छोटे बच्चे को देख मुझे तेरी याद आ गई
तू जो पापा पापा बोलता था
आकर गोदी में खेलता था
मुझे तेरी जिद्द जो कल तक बुरी लगती थी
तेरा जमीनों, सड़को पर लेटना
आज वो भी मुझे भाता हैं
रह रह कर याद आता है
वो भागना, चीखना और गुड़ खाना
बार बार मम्मा पानी पीना
मै जब तुझे पकड़ने जाता था
तो तू और तेज भागता था
कुत्ते, उनके बच्चों को पकड़ना
तुमको डर न लगता था
मुझे सब याद आता है

मै बाप हूं न
कह नही सकता, रो नही सकता
प्यार दरसा नहीं पता हूं
बस महसूस कर सकता हूं
याद करने से तुमको
इस चारदीवारी से
जो करता ही रहता हूं।

42. पुत्र का अधिकार

कभी ऐसा लगता ही है कि नहीं कुछ नहीं है
इन मंदिरों, चर्चो, गुरुद्वारों, मस्जिदों में
ये यू ही हैं बनी हुईं
इन पवित्र किताबो का ज्ञान भी मुझको
अरास देने लगता है
नाम लेने से ही कष्ट कट जाते हों फिर
फिर यूं दर्द क्यों होता है?
क्या मैं इसी लायक था जो मुझे अब होता है?
क्या यहीं मेने चाहा था?
इस मंजर का कोन उतरदायी है?
गीता का सार
सब कर्मो का फल होता है
भोगने ही पड़ते हैं
अपने का किया हुआ
जन्मों में भी
भीष्म कहां मिटता हैं?
जो हो रहा हैं उसकी मर्जी से
उसकी हम संताने ठहरे

दर्द हमारा वो भी सहता, महसूस करता है
आखिर वो विधाता ठहरा
नियति का चक्र नही फेरता सुदामा के चरण रज
अपनी अशु धारा से धोता है
भूल ही है ये मेरी मैं जानता हूं
भोले का भोला भगत मैं हठ करता हूं
मै जानता हूं पुत्र का ये अधिकार है बस
उसी को जान बकता रहता हूं

43. इंसाफ ज़रूर होगा

उगते हुए सूरज को सभी जल चढ़ाते हैं
जो दिन भर हमारे लिए थक कर जाए उससे क्यों नही पूछते हैं?
उन्हें तो सरबत आहारे देना चाहिए था
वो फिर भी सबको जीने का फलसफा देने आते है
सभी के जनक आखिर ठहरे वही रिश्ता निभाने आते हैं
बहुत कुछ सीखते हुए वो आज तक आए हैं
उन्हीं की शिक्षाओं को मैं अपने में समाए हुए घूमता हूं
सत की राह को नमन कर आगे बढ़ता हूं
मै खुद जलकर दूसरो को रोशनी देने में विश्वास करता हूं
मिटने का गम नहीं कभी मेरे साथ होता है
बलिदानों से भरा हुआ राजपूतों का स्वर्णिम इतिहास रखता हूं
और मुझे मिटाने की कोशिश करने वाले
आकर के मुझे बस एक बार देख लेना
मै अब भी बड़े तव्वजो शान से जीता हूं
तुम्हीं ने लांग डाली थी अपनी हदें दिखा दी औकात अपनी
पर चाहने से तुम शैतान के होता ही क्या है?
मै अब भी जिंदा हूं मिटा थोड़ी हूं
और मेरे रगों में खून अब भी बाकी हैं

कयास लगे है मेरे जहन में

मै ठाना हूं भूला थोड़ी हूं

फलसफा इंसाफ ज़रूर होगा

सच परेशान हुआ जरूर है

पर तुझ जैसा बुजदिल उसे मिटा तो नहीं पाया

अजी ये मिटता भी तो नही हैं

स्वपन कब तक देखोगे

आखिर उठना भी तो है।

44. मैने उन वादियों में कई लम्हे बिताए हैं

मैने उन वादियों में कई लम्हे बिताए हैं
पर उस दौर अच्छा नहीं लगता था
हा अब जरूर लगते सुहाने है
खेर बादल भी हवा से रुख मोड़ लेते हैं
और मौज यूहीं उल्फत से कब से मिलने लगी
ये बात और है कि कुछ खरीद लेते हैं, हम उसे बेच देते हैं।

45. हिमालय

यूहीं नहीं हिमालय पर लोग निवास करते थे
बात युगों पहले की है लोग समतल पर विचरण करते थे
ये प्रकृति ही थी जिसने मेरे महादेव को मोहा होगा
जो मोह के परे और सर्वदाता है जो
फिर भी ये वही फिजाएं है जिसने प्रभु को सम्मोहा होगा

46. उस्ताद

उस्ताद उस्ताद ही होता है

फिर क्या .. मैं सच कहूं

मै तुममें एक नटखट बच्चे को देखता हूं

जो अंदर तक पाक साफ बैठा है।

47. इतिहास में नाम

इतिहास में नाम यूं ही नहीं लिखते
कष्टों की स्याही से नाम लिखते हैं
मान सिंह बनना हमेसा ही सहज होता है
हर कोई घास की रोटी खाता कहां है
बंद पिंजड़ों में शेर ही होते हैं
बकरियों के लिए पिंजड़ा बनता नहीं है
हौसले मेरे बुलंदी को छूते हैं
आसमान भी सर नवाते, झुकते हैं

48. भाई

मेरी शक्ति के बिम्ब हो तुम

मुसीबते आई जरुर पर ओझल हो गई

तुम मेरे साथ जो खड़े रहे

मेरे दिन बदले और बदलते रहे

मै अडिग न हुआ पग भी

क्योंकि तुम मेरी शक्ति बन मेरे साथ ही रहे

और मुझे इस पूरी दुनिया से भी लड़ना पड़े तो मुझे चिंता नहीं

ईश्वर ने तुम्हे मुझे मेरा भाई बना कर दिया है ये वरदान कम तो नहीं।

49. विरह की अग्न

फिर विरह की मार खाई
न चाही फिर भी आई
आती आना ही था तो
आकर बैरन बोराई....

तोड़ी चुप्पी रुकी नहीं वो
शान्ति को भगा, चिल्लाई
हृदय द्रवित कर भरमाई
नयनों में नीर ले आई....

रुक चुके थे जो अधर में
थाम कर कुछ हुऐ थे सपने
मंसूबे उसको पता चला जो
उनपे पानी डाला माटी डाली

वेरन क्यों सौतन सी बन
मुझे विरह की ज्वलन जलाती
न जी सकू न रह सकूं
तू क्यों ऐसी अग्न लगाती

तू छोड़ दे, जानें भी दे
मै बड़ा मजबूर हूं
सह चूका हूं कितने विरह को
कैसी कैसी काटी राते।

50. नल यूं हीं नहीं हुआ करते

जलने की बात ही करते रह गए वो भी

और मिटाने वाले ही मिट गए हैं जी

दम की बात देखो करना नही तुम तो

ऐसे ही ना जाने कितने जल गए दूसरो को बस देख भर कर के ही

और कलेजा बड़ा हालत बनाती है

नल यूं हीं नहीं हुआ करते वो केवल जज़्बात बनाती है

51. बनना बिगड़ना चलता रहता है

बनना बिगड़ना चलता रहता है

ये मान के चलो जो भी होता है ठीक होता है

रास्ते बनते बिगड़ते रहते हैं

पत्थरों से ही मजधार पार होता है।

52. हालत और जज़्बात

हालत और जज़्बात बहुत कुछ सीखते है
हालत समझ और जज़्बात वजह देते हैं
जिस वजह से मेने सोचा था कि कुछ अच्छा होगा
पर मेरी सोच से कहा सब हो पाता है
जिंदगी खुद जीना सिखाती हैं
न कि हमसे जीवन रास्ते बनाती हैं
सब कुछ छोड़ दो तुम उस ईश्वर पर
क्योंकि वो जानता है कल क्या होगा?
हमारे लिए क्या अच्छा है?

53. आपके दिदारे तमन्ना सारा जमाना रहता है

बदहवासी से भी ऐसे अल्फाज़ न निकाला करो
आपके दिदारे तमन्ना सारा जमाना रहता हैं
तुमसी शख्सियत हमने भी कहीं दूसरी देखी नही
किसी ईश्वरी शक्ति की पहचान तुममें लग रही
वरना घने से घने पेड़ों की भी पूजा नहीं होती है
पूजनीय घर की एक छोटी तुलसी ही होती है।

54. लड़ती रही हो, थकना नहीं

देखिए किस्मत का रोना रोना नहीं
आंखों के बहते आंसू समेटो जरा
तुम लड़ती रही हो, थकना नहीं
यही जीवन का फलसफा ही रहा
जज्बातों को किसी को बताना नही
ये दुनियां है हंसती, करती कुछ नहीं
ढांढस बंधाते रहना तुम अपना ही
जान लो यहां कोई तुम्हारा अपना नहीं
चलो फिर से कमर कस लो
जो नहीं है उसकी जिद्द पकड़ो
तुम अभी तक की विजेता रही हो
अब तक की बनी तुम गवाना नही

55. पहला पहला प्यार

पहला पहला प्यार

बस आंखो का इकरार

तुम्हे हमने जाना नहीं

जाना नहीं पहचाना नहीं

तुम्हीं ख्वाबों तक आ गए

हम बोले नहीं तुम बढ़ते गए

मै टूटी तुम्हारे प्यार में इस कदर

मै ख़ुद को ही भुलाने लगीं

क्या थी और क्या बन गई

ये पहला प्यार

इसका चढ़ता खुमार

सुद बुध मेरी ले गई

ये पहला प्यार

56. आरजू वफा हमने की ही नहीं

आरजू वफा हमने की ही नहीं

बहुतायते थी हमने पटाया नही

तुम यकीनन तुम जैसी अकेली नहीं

बहुते थी बेगेरत अपनी बनाया नहीं

आहे हमारे लिए भरने वालों की

मुकमल है कोई कमी ही नही

और तुम अपने पे आजिजे नाज किया न करो

हम हुस्न में ही रहे

मगर लुफ्त उठाया नही

57. हरगिजे अब मोहब्बत करनी नहीं

हरगिजे अब मोहब्बत करनी नहीं

उसने छोड़ा मुझे मेने छोड़ा नहीं

उस हसीन ख्वाब को दिखाया मुझे

रात रंगीन हुई, जगाया मुझे

मैं जगा रात भर नींद मुझे आई नहीं

रात भर मच्छरों की दावत चली

वो संगदिल मुझे बेवकूफ बना बेतहाशा सो गई।

58. चूतियो की सरकार

चूतियो की सरकार
बनी हुईं नाली में कमल निकल आया
बने पथों पर पत्थर की भरमार
पथिक विहीन पथ बनाया जाता हैं
अग्नि और सुगबुआहट में भी भेद पाया जाता हैं
वो जीवन जो अग्नि के समान है
सैनिक धर्म राजनीति की चढ़ी बेंदी
यूं ही हसीन ख़्वाब दिखाया जाता हैं
जब कुछ नहीं किया जाता है
हिंदू मुस्लिम में विकास छूट जाता है
यूहीं जनार्दन को बेवकूफ बनाया जाता हैं
विवशता है जरूर
विपच्छ कमज़ोर, लाचार नजर आता है
आखिर चल रही है चूतिओ की सरकार
जिन्हे देश की सुरक्षा नजर नहीं आता है।

59. तेरा सायां

जख्म भी छोटे ही रह गए

जब तेरे सायें में मुझको देखा

दूर से ही रफ्ते हवा हो गए

नजरे मिलाकत किसी की भी न कर सकी

वो तेरी हुकूमत ही थी

महफ़ूज़ सबसे ज्यादा मैं था

काश अदना सा ही रहता मैं

तेरी गोदी में अब भी लिया जाता

जो ये वजन की बिसात न होती

खेर काल, कंधों की सवारी करता है

इतिहास लिखता है, मिटता थोड़ी हैं।

60. गिर पड़ा हूं मैं

हर तरह के उलाहनो से तंग आ चुका हूं मैं
पहले कान खुले थे अब बंद रखता हूं मैं
सोचकर की दो है दूसरे से अनसुना कर दूंगा मैं
पर हर बात काई करती चली गई
और देख लो आज गिर पड़ा हूं मैं

61. मेरी पलकों पे विराजते थे

हर एक बात का वजूद होता है
कोई ही होता है जो दिल में रहता हैं
यू हीं सभी इस दिल पे काबिज़ नहीं होते
कोई ही विरला राजदार होता है
तुम उन चंद खुश क़िस्मत लोगों में थे
जो मेरी पलकों पे विराजते थे

ये तुम्हारी किस्मत खराब थी या दिन खराब थे
पहले मेरे बुरे सपने में आए
और फिर राफ्तार हो गए।

62. वीरांगना हर महिला होती हैं

वीर छोटा ही रहा

हर कोई भी वीर न बना

किसी न किसी कोने में

हार का डर लगा रहा

फिर किस डर से पार जाना तुम्हे

तुम जन्में यहीं मरना भी यहीं

सच वीरांगना हर महिला होती हैं

जन्में कहीं और किसी दूसरे का घर सजाती हैं

यूं हीं नहीं कोई महिला बड़ी होती, बन जाती है

हर एक की कीमत चुकाती है।

63. तुम हर सपने में मेरे थे

तूने मेरा साथ दिया है
फिर मैं तुममें मिल जाऊ
तू आगे चलती जाना बस
मैं तेरे पिछे ही आऊ
जिधर रहोगी उधर रहूंगा
तेरी सासो की सी माला
ओट ओट की बरखा देखू
ओट ओट की रंगशाला
ओट ओट के रंगबिरंगे
झिलमिल झिलमिल तारे
तुम बिन मैं कुछ भी नही हूं
तुम मधुर सपना सुनहरा
तेरी परछाई बन जाऊ मैं
तुम मेरी मधुशाला
मत्स्य जीवन में बरखा पानी
आयी सांसों में तेज़ी
रंग बिरंगे सपने सलोने
तुम हर सपने में मेरे थे।

64. सजी दिवानी फिर एक बार

सजी दिवानी फिर एक बार
संजोए टूटे हुऐ पात
बिखरे हुए थे इधर उधर
ले जमी से गोदी बैठी

टूट के कोइ टूट जाये
किसी के चलते अंधेरा हो जाए
रस्मियों ने फिर मनाई दिवाली
बेवजह की परंपराएं तोड़ी

अब तो परिवर्तन की बयार चली
कोन पूछता है पहेली ?
सीधा साधा सा मंतर ये
जीवन में निराशा न होंगी

चले गए तो किसकी गलती
गलती करने से पहले न सोची
फिर मैं क्यों भोगू उसको
मै न रखू, हूं विसराती
मैं नारी हूं विरांगनी ठहरी

छाती मेरी बलजोली सी
सहने को तो पहाड़ हैं तिनका
पर न मैने सहने की ठानी

आखिर क्यों कोई सहता है
करे कोई कोई भरता है
अब जो करे भरे भी वही
नारी अब कमजोर नहीं

तुमने छोड़ा तोड़ा नाता
गए किधर न पता हुआ
मेने भी चुन ली है प्यार की डगर
उसको ह्रदय में बसा लिया

सज रही हूं आज विलख
प्यार करूंगी उसे अमर
उसके लिए रूप सवारू
उसकी जोगन बन मैं जाऊ

टूटे पात सूखे काट
एक न एक दिन टूटे ही
जो हुआ अच्छा रहा
तुम गए छूटे सही

प्यार नही फिर कैसा साथ
साथ रहे फिर प्यार नही
रहे जुदा होकर अच्छा है
साथ में ही क्या रखी बात

सजना वो जो मन में भावे
मन ह्रदय पलको पर विराजे
सजनी वो पिया मन भावे
संयोग मिलन मन से होवे।

65. मैं जरूर, प्रार्थी हूं तेरा

हा मैं जरूर, प्रार्थी हूं तेरा
क्योंकि मैने विराह ही सहा
सहते सहते इस कदर बेसुध हो गया
तेरे विराह पर नज़र न गया

मिलन की आस संजोए हुये
विराह कष्टो को मैने भुलाया
यूं ही नहीं तपा हूं बहुत
फिर जाकर ह्रदय को, तेरे मिलन की बात बताया

फिर भी मैं प्रार्थी हूं तेरा
मैने ही यूं ही बिम्ब खींच रखे थे तेरे
तुझसे बिना पूछे
ये भी न जाना कि तुझे दु:ख तो न होगा

जो हुआ सही ही हैं
मेरे ख्यालों का पुलाव मिटा
जो मैने खिलाया था
बिना तुझसे जानें, आज मिटाया

66. मै किसी को अपना बना सकता

मेरे पास गर वो हुनर होता
मै किसी को अपना बना सकता
बदले में मेरी हर एक खुशी होती
मै उन सबको हंसते हुयें छोड़ देता

अगर मेरे मे वो हुनर होता
मै किसी को खुश कर सकता
बदले में उसके हजारों गम मुझे मिलते
मै हंस कर सहज लेता

अगर मेरे पास वो एक चीज़ होती
जिससे केवल खुशी होती
बदले में सारी तकलीफों के होती
मै उन तकलीफों को सह लेता

अगर मुझसे कोई एक वर मांगने को कहता
तो मैं बस सबके लिए केवल खुशी मांगता
बदले में मैं क्या ? खुद को मिटाता
मेरी तिलांजली भी सच छोटी होती

67. तू खुश रह जहां रहे

कुछ पल मैं
अवाक सा जरुर रह गया
दुख नहीं खुशी अपार हुआ
पर खिंचित मन अवशेष हैं
तेरे चेहरे पर रौनक देखना चाहता
वो लालिमा नज़र नहीं आई
खुशी के मौके पर भी
वो चहक, चमक कहां थी
कहां खो गई भरमाई
क्या किसी की तलास थी ?
तेरी नजरे ज़रूर कुछ ढूंढ़ रही थी
किसी को, किसी की परछाई
अब तू जहां हैं
वह तेरा जहान, मुकदर बने
उस परछाई को भूल जा
एक धुंध थी बस हट गई
अब नया सवेरा तेरी राह देखे
तू तैयार रहें, लेने को आतुर हर्ष अपार से

तू हसें, बिदके, फुदके, चहके
चिड़ियां की चू चू की तरह
खिले पुष्प सुगन्ध बिखरे
ग्रह दामिनी, लक्ष्मी, सोभा बने
सुसाजित केस, आभूषण, वस्त्र धर
तू सुप्रिया लगे
तू खुश रह जहां रहे
साथ हो साथी का तेरे
साथी बे मिसाल मिले
मनोकामनाएं मेरी यहीं रही तेरे लिए
सदियों तक के लिए
सदा सदा ही प्रिय....

68. जीता जीतता चल

चलो चलें, छोड़ो कल
आज में जीता हूं मैं
फिर क्यूं कल
मेहनत के बल से ही
सिंचित कर प्रस्तर पर
लहू रूपांतरित पसीना बन
ज्वलित क्रांति से
पवन के थपेड़ों पर
जीता जीतता चल...।
मेघा पुरवाई भी बदली
बदली तस्वीर, दृष्टि भी बदली
बदला भू मंडल का रंग
दिन के होते तीन पन
सुख से दुख और दुख से सुख
सब काल चक्र पर उसकी माया
न बदला, न बदली
काल नियति की काया
विश्वास कर उस एक बिन्दु पर
बढ़ता चल अपने कर्मो पर...।

69. चलो क्यों न हम कोई राग छेड़े

चलो क्यों न हम कोई राग छेड़े
यूं विहीन न रहकर, जिए एक होकर
सासो के तार जोड़े
राज दिल के खोले
जो रह गई हों बाते अनकही
मनन क्यों न उनका कर लें
ले लबों का चुम्बन
धड़कनों की साज सुनकर
चच्छुओं में डूबकर
अपने को गुम कर लें...।

कमर पर तेरी हाथ रख कर
छिद्र चुम्बन नाभि पर
सांसों को त्वरित करके
केशो से खेलूं मैं
मचलू स्पर्श पाकर
अपना तुझे कर के
गोदी में तेरे सर रख कर
खुद को भूल जाऊ...।

70. तुम मेरी हृदय स्वामिनी हो

तुम मेरी रागिनी हो
तुम मेरी जिंदगी हो
मेरे प्राणों से प्यारी
मेरे दिल की दामनी हो

जब बोलती हो प्रिया तुम
कोकिला सी कू कू करती हो
मेरे दिल पर राज करो
सर्वोपरि तुम लगती हो

क्या कहूं या बोलूं कैसे
किससे बोलूं जेसे-कैसे
मिथ्या है या जग से जाहिर
या दिल की तुम वेदना हो

कोमल हो, मृदुल हो
राग हो या रागनी हो
जो हो तुम जैसी हो
अच्छी हो, बस अच्छी लगती हो
मेरी दामिनी, कोयल, कामिनी
मैं तेरा, तुम मेरी हृदय स्वामिनी हो..।

71. तेरा दीवाना घूमे

जानती हो फिर भी दूर हो
मुझसे खेलती क्यों हो
यह उल्फत की चादर
जो तुमने डाल रखी है
मुझे परेशान करती, बेचैन करती है

अब तो सपनों में भी
तुम आने लगी हो
सरूरे वफा जगाने लगी हो
अंगड़ाइयां तुम्हारी
खेलती है मुझसे
मेरी सांसो को खींचे धमनियों को भींचे
कभी नीचे कभी ऊपर कभी ऊपर कभी नीचे

जा वफा की थोड़ी सी तोहमत ले ले
अपने आशिक का मिजाज ले ले
कहीं बावरा ना बन जाए, कहीं ये
कहीं सिरफिरा ना बन जाए ये
ओ हुस्न के सौदागर, तेरी ही तोबा होगी
ले जुबां पर अपनी तेरा नाम
अगर ये गली गली घूमे
तेरा दीवाना घूमे...

72. चाह दिखी बैचेनी भी

चाह दिखी बैचेनी भी
अल्फाजों ने उनको रोक लिया
कहते कहते थम से गये
दिल पर पत्थर रख सा लिया
कभी यूं न लगीं थीं कभी
जो आज लगी मुझको वो
वो जिक्र किसी का करते करते
थम से गए
रूधुर भर सा गया
कहा मैंने बहुत भरसक प्रयास किया
पर ना सुनी मेरी एक कहीं
मुंह फेरा परिहास किया
बस सोचती रही वह स्थिर
कुछ आने वाले दिनों में जाकर के
अच्छे दिनों की नियति देकर
बस अगले पलों की कहती रही
एक तरफा था या दो तरफा
ना जाने कितने तरफा

उल्फत की उसकी चादर
रंगों से वसुंधरा भर दे
उसकी उलझन अड़चन, तड़पन
ले धरा गोदी भर ले
फिर ना यूं ही आनानायस ही
दिल भरे, रुधिर रूके
न गमहीन हो, विचारणीय बने
सारे के सारे तरफा
खोल प्रभु, कली खिले

73. प्रिय की मधुर यादें

जा री जा मनवा तड़प रहा है
धुमिल हो जा, न दिखें जरा सा
सारी की सारी यादें, तुम
मेरा बसेरा छोड़ो
क्यों तुम दिल पर प्रहार करो
सांसे खींची है
दिल तड़प रहा, मन रो रहा हैं।

क्यों बिन पूछे ही तुम आ जाती हों?
क्या से क्या कर जाती हों
शांत धरा को व्याकुल कर
रत्नाकर क्रोध उगलता हैं
ज्वार भाटा फूटता हैं।

न चाहकर भी कुछ एक कर्मो से संलग्न हूं
मन नहीं है, फिर भी बेचैन हूं
चाहत ना रही तुमसे दूर रहने की कभी
किस्मत का मारा फिर भी दूर है
हैं मेरी भी प्रिय श्री एक

मैं उसका प्रिय वह मेरी तमा है
रहूं मैं उसके बिना जैसे
सांस यहां धड़कन वहां है।

फिर कितने जतनों को कर करके
दिल पर पत्थर रखकर के
कोशिश करता हूं रहने की
फिर तुम आ जाती हो
पास उसके होने का
मिथ्या भ्रम दे जाती हो
टूटे दिल से खेलो तुम
एक अलख जगाती हो।

दूर रह, न पास आ मेरे
मेरे सपने बस है सुनहरे
जाती जा जा ले जा इनको
जो तेरे साथ भरमाय मुझको
मुझको इनकी नहीं जरूरत
न ही रहना अवशेष
न ही जीना यादों में उसके
न ही रहना दूर उससे।

74. तू चाहत बन करके मेरे पास रहती है

कहीं तेरी कोकिल का
दीवाना ना बन जाऊं
प्रिय जरा ठहरो
कहीं अफसाना ना बन जाऊं

तेरी उल्फत की अंगड़ाईओ में
अब तो मेरा दिन
मेरी रात निकलती है
बस तुझसे मिलने की एक आश
दिल में बेचैनी रहती है

कहीं कोई जमाने में है तो जरा सुन ले
तेरे दीवाने को बस तेरी प्यास रहती है
सच कहूं तो क्या चाहत थी
मेरी मुझको ना पता
पर अब बस तू चाहत बन करके
मेरे पास रहती है।

75. मिलकर भी वह नजरें मिला ना सके

मिलकर भी वह नजरें मिला ना सके
तीर दिल के चला ना सके
कहते कहते रुकते रहे वह
पर बात दिल की छुपा ना सके

बैठे रहे वह यूं ही मेरे सामने
पर पलकों को ऊपर उठा ना सके
कोशिश की मैंने बहुत मगर
वह शर्मोहया आपनी मिटा ना सके

कितनी कोमल है वह
और कितनी मोहक उसकी मुस्कान
होठों से हटाकर भी
अपनी अदा छिपा ना सके

उस हसीन को क्या पता
कि उसका आशिक कौन है ?
जो उसकी यादों में
हर रात तैरता है

डूबने की चाहत होती है उसकी

पर अफसोस नहीं डूबता है

चाहत बनकर उभरी है जो

दिल पर लिखा उसका नाम

जो लाख कोशिशों पर भी

कोई मिटा, मिटा ना सके।

76. यह जवानी ना ढल जाए

मोहब्बत के दांव पर चूमे
यह जवानी ना ढल जाए
कहीं सारी की सारी
यूं ही बर्बाद ना हो जाए

मेरी उल्फत की सांजो में
कोई आंचल महकता है
मेरे आंचल का दुपट्टा यह
यूं ही पड़ा ना रह जाए

कहीं कोई नही दिखता
मेरी बेसब्री का मतवाला
मेरे बदन की खुशबू ये
कहीं यूं ही ना खो जाए।

77. मेरी मोहब्बत में रब दिखने आया

देखो न रब ने कर दिखाया
मेरी मोहब्बत में रब दिखने आया
चाहा था जिसे
आज मेरे सामने बैठे हुए हैं
खुद तो उल्फत की मारी
मुझे भी हो रही है
कोशिशें दोनों तरफ से हैं
दूसरे को झांकने की
कहने की
पर कहे ना कहे अनकहे ही
वह मंजर बीच में आ जाता है
दोनों से अपने शब्दों में
दूसरे की बात कह जाता है
फिर भी समझ कर ना समझ जब वह बन जाती है
सच कहूं यही उल्फत मुझे दगा दे जाती है
फिर भी नाज है, एहसास है
अपनी किस्मत पर
जो यह हसीन मंजर दे जाती है।

78. इस जहां में तुमसे अच्छा क्या है ?

इस जिंदगी से कीमती क्या है ? इस जहां में
तुमसे अच्छा क्या है ? इस रजा में
जान कर भी अंजान हो तुम
कभी तो धधकती है मेरी रगे भी
सीना भी जोरो से चलता है
कहता है यह सारा मंजर मुझसे
तुम्हारी उपस्थिति की क्या वजह है ?

जो पूछना था मुझे खुद से
वह दूसरों से पता चला है
चलो अब ही सही पूछ लो
अपनी अंतरात्मा से
तेरी क्या विशेषता है ?
क्या पहचान है, इस जहां में ?
आने की क्या वजह है ?

79. मेरी ख्वाहिशे

ख्वाहिशों की गहराइयों से मैं
जब भी खेलता हूं जमके
कोई उल्फत कोई चाहत मुझे बुलाती हैं
मुझे खींचे

परेशान मन परेशान तन
हर तरफ है उल्फत ही उल्फत
कोई अंगारा जले मेरे सीने में
उज्जवलित कोई तृप्ति
रगे भी धधकती हैं
धड़कनें भी बढ़ती हैं
मेंरी चाहत है क्या ?
कोई बिजली जो चमके
उद्वेलित कर दे मुझको
मेरे साथ खेले।

80. लोग मुझे मन कहते हैं

उछल तरंग ही हूं

मैं एक उलझन एक पहेली

कभी शांत कभी अशांत

तुम्हारे साथ अठखेलियां

हर तरह से कर दूं तुम्हें व्याकुल

सारे के सारे और न जाने कितने

ही है गुलाम मेरे

मेरी बंदिशों में रहते हैं

लोग मुझे मन कहते हैं।

81. प्यार की वजह ना होती

कभी भी प्यार की वजह ना होती

सोच के हर वक्त पार होती

मेरी उलझने भी चीख पड़ती हैं

अपनी रजा ही क्या हर बार होती

आपसी चाहत की क्या वजह है ?

मतभेदों के कंपन से

क्या कभी अच्छी खबर आई

नहीं देख पाते हैं हम वह जो

समय के परे होता है

या कुछ अंधेरो के मध्य में छिपा होता है।

82. त्वरित ध्वनि हैं बारिश की

त्वरित ध्वनि है बारिश की
छम छम छम छम लहरों सी
मनभावन चित पावन
क्यों री बरखा अटखेली करती
शांत धरा को त्वरित करती
चंपा गेंदा बेला चमेली
सुमन सहित सहेली
भोरी भोरी आहे भरती
देख धरा की छटा अनोखी
मन की बेचैनी बढ़ती
काहेव में ना लागे मनवा
याद आवे सहेली रंगरसिया
जोश, उच्छाहा का भी भरा समुंदर
जा त्वारित ध्वनि कानों में पड़ती
काहेव में ना काहेव में
मनमा मचले जियरा तरसे
मोरी सखी की याद सतावे

इस छटा कि यह बिरहा हैं मारे

जियरा के खंड में हुए टुकड़े

तडपे तनवा तड़पे मनवा

किसको यहां गले से लगाए

मोरी ना मति काम करे

हे मदन कोई तो करें उपाय।

83. मुझे भूल गया है

तू मुझे भूल गया

और मैं कोशिश कर रहा हूं

परते उलेधने की कोशिश

जख्म दिल पर कर रहा हूं

गलती मेरी भी है

जो मैं भावुक हो जाता हूं

नहीं समझता हूं कि

अपना पराया भूल जाता हूं

जो अश्वेत सा होकर भी

पावन सा लगता हो, वह

क्या इतना बदल सकता है ?

मुझे देखकर भी ना

पहचानने की कोशिश करता है

जिसके कदमों पर मैं उसके साथ था

आज मुझसे ही दूरी बनाए रखता है

मुझे भूल गया है।

84. शांति

एक चीज है जो शांति
वह है विलुप्त व्यापी
ढूंढता है जिसे
हर नश्वर संतापी
ढोंग है जिससे नहीं दिखती है यह
मांगने से भीख मिलती है क्या ?
डूबके मिल सके
फिर डूबना नहीं चाहता
अपने मन विचलन से
माया लोभ मोह को
त्याग नहीं करना चाहता
रम जा ठहर कर कुछ देर इसमें
फिर देख इसकी फिजा
सुकून ही सुकून है यहां।

85. कल्पना की उड़ान

मैं इस जिंदगी को हसीन करने का भरसक प्रयास करता हूं
चलो छोड़ो मैं जरा ज्यादा सोच लेता हूं।

सोच है सोचने की क्या दवा लगती है
सारे दरवाजों की चाबी इसी से लगती है
देखने का हो आलीशान, आज मगर क्या मालूम ?
अप्रत्याशित था कभी यह कल्पना की उड़ानों से
मगर भव्य है जो इसी के अंगारों से।

कभी-कभी किन्हीं एक कुछ की नकल कर लेता हूं
ग़ालिब मुझे पागल कहता है जमाना
पर मैं दूसरों के लिए नहीं
अपने लिए हंसता हूं।

हर एक चीज की अपनी पहचान होती है
अपनी ही अदा अपनी उल्फत होती है
किसी से क्या लेना देना
ना किसी से ताल ना मेल होता है
पर जिस ने जो चाहा वह उसके पास होता है।

मैं इस जिंदगी को हसीन करने का भरसक प्रयास करता हूं
चलो छोड़ो मैं जरा ज्यादा सोच लेता हूं।

जय हिंद..

अतुल सिंह के बारे में

अतुल सिंह सीतापुर, उत्तरप्रदेश के रहने वाले हैं। इनका जन्म 11 जुलाई 1989 को पिता श्री विजयपाल सिंह व माता श्रीमती पूनम सिंह के यहां एक क्षत्रिय परिवार में हुआ। इन्होंने अपने परिवार की परंपरा को निभाते हुए भारतीय सेना को अपने केरियर के रुप में चुना। इन्होंने कानपुर यूनिवर्सिटी से राजनीति विज्ञान में स्नात्तकोत्तर किया है। इनकी बचपन से ही साहित्य की विभिन्न विधाओं जैसे काव्य, कहानी, एकांकी, उपन्यास आदि के लेखन में रुचि रही है। इन्होंने विभिन्न प्रकार के सामाजिक विषयों पर अनेकों कविताएं, लेख, कहानियां व उपन्यास लिखे हैं जो हमें गूढ़ता के साथ सोचने को विवश करते हैं। इनके लेख व रचनाएं काफी प्रेरणादायक व रोचक होते है।

First Book : तुम गरीब हो क्योंकि..!

संपर्क सूत्र

Email	:	atuls1512@gmail.com
YouTube	:	@faujiatulsingsitapuri2854
LinkedIn	:	Fauji Atul Singh Sitapuri
Instagram	:	Atul Singh kavi, Lekhak, sahityakaar
Facebook	:	Atul Singh
Twitter	:	@atuls1512